MÜNCHEN

ACHIM WIGAND

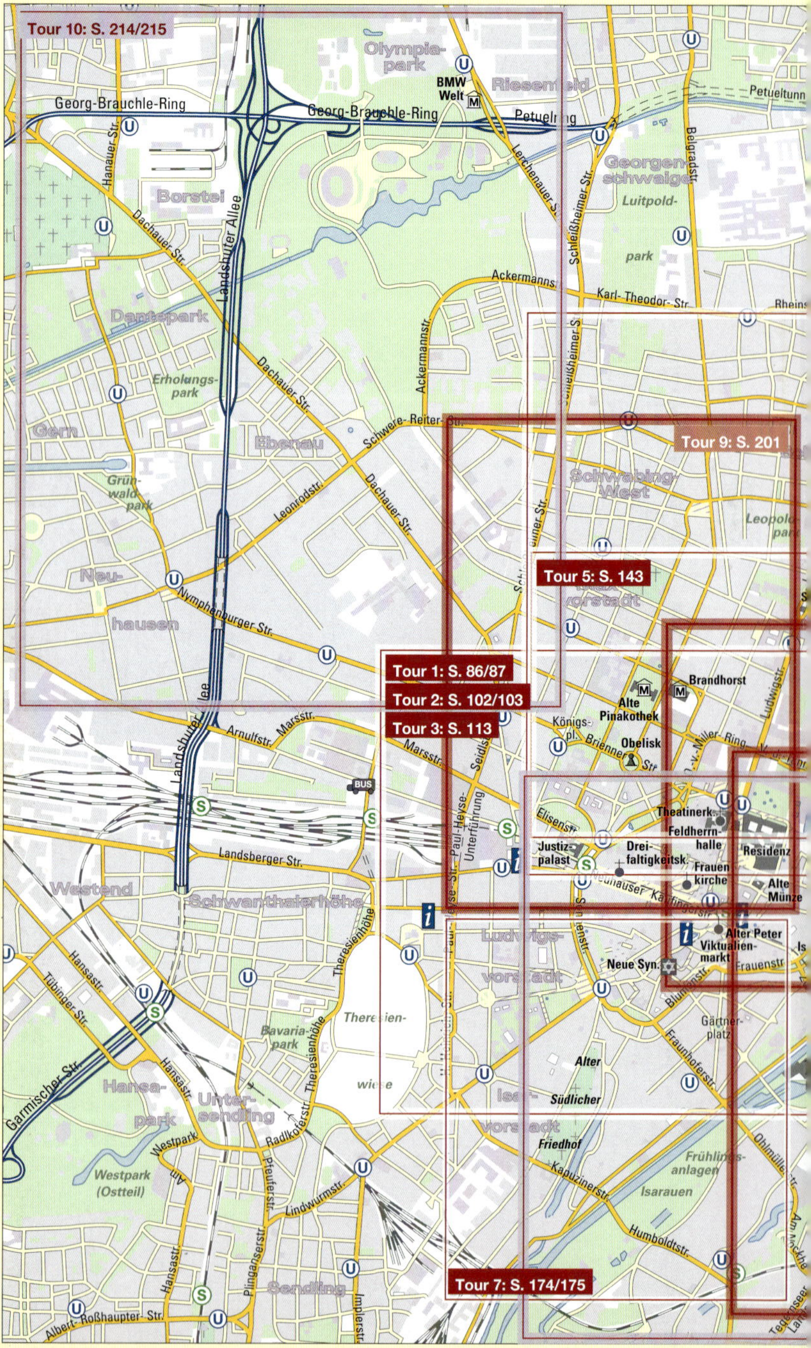

Tour 10: S. 214/215
Tour 9: S. 201
Tour 5: S. 143
Tour 1: S. 86/87
Tour 2: S. 102/103
Tour 3: S. 113
Tour 7: S. 174/175
Olympiapark
BMW Welt
Riesenfeld
Georg-Brauchle-Ring
Petuelring
Petueltunnel
Georgenschwaige
Luitpoldpark
Borstei
Dantepark
Erholungspark
Gern
Grünwaldpark
Neuhausen
Ebenau
Schwabing-West
Maxvorstadt
Brandhorst
Alte Pinakothek
Königspl.
Obelisk
Theatinerk.
Feldherrnhalle
Residenz
Justizpalast
Dreifaltigkeitsk.
Frauenkirche
Alte Münze
Alter Peter
Viktualienmarkt
Neue Syn.
Gärtnerplatz
Ludwigsvorstadt
Isarvorstadt
Alter Südlicher Friedhof
Theresienwiese
Bavariapark
Westend
Schwanthalerhöhe
Hansapark
Untersendling
Westpark (Ostteil)
Sendling
Frühlingsanlagen
Isarauen
Landshuter Allee
Dachauer Str.
Schwere-Reiter-Str.
Leonrodstr.
Nymphenburger Str.
Arnulfstr.
Marsstr.
Landsberger Str.
Paul-Heyse-Str.
Paul-Heyse-Unterführung
Elisenstr.
Neuhauser Str.
Kaufingerstr.
Frauenstr.
Blumenstr.
Fraunhoferstr.
Kapuzinerstr.
Humboldtstr.
Ohlmüllerstr.
Ackermannstr.
Karl-Theodor-Str.
Belgradstr.
Schleißheimer Str.
Lerchenauer Str.
Hanauer Str.
Ludwigstr.
v.-Miller-Ring
Briennerstr.
Garmischer Str.
Hansastr.
Tübinger Str.
Westpark
Radlkoferstr.
Pfeuferstr.
Lindwurmstr.
Plinganserstr.
Implerstr.
Albert-Roßhaupter-Str.
Theresienhöhe
BUS

Parkstadt Schwabing
Alte Heide
Schenkendorfstr.
Ungererstr.
Leopoldstr.
Englischer Garten
Biederstein
Isarring
Tour 6: S. 158/159
Freizeitpark Biederstein
Hirschau
Kleinhesselohe
Chinesischer Turm
Englischer Garten
Tivoli
Tour 4: S. 129
Ifflandstr.
Oberföhringer Str.
Bülowstr.
Montgelasstr.
Denninger Str.
Ismaninger Str.
Bogenhausen
Haus der Kunst
Tour 11 S. 228/229
Bayerisches National-museum
Villa Stuck
Friedens-engel
Prinzregentenstr.
Max-monument
Maximiliansanlagen
Grillparzerstr.
Einsteinstr.
Maximilianeum
Kabelsteg
Innere Wiener Str.
Haidhausen
Rosenheimer Str.
Orleansstr.
Ampfingstr.
Welfenstr.
Kustermannpark
Anzinger Str.
Aschheimer Str.
Melusinenstr.
Claudius-Keller-Str.
Tour 8: S. 186/187

Unterwegs mit Achim Wigand

Zwei Drittel Weichkäse, ein Drittel Butter, ein Kaffeelöffel Paprikapulver, eine Kinderhand Schnittlauch, Pfeffer, Salz und eine Prise Zucker, schließlich noch einen Schuss Bier: Das alles mit einer Gabel zu einer nicht ganz glatten Masse verkneten. Mit der anderen Hand einige Fleischpflanzerl rollen und den Kartoffelsalat wenden. Alles in einen Korb gepackt, karierte Tischdecke drauf – ich gehe in den Biergarten!

Und dann, notwendig leicht bierselig unter hohen Kastanien, weiß ich wieder, warum ich hierher gezogen bin: Diese Mischung aus Laissez-faire und Gschaftlhuberei, Protz und „Dösis miawurscht", Metropole und Provinzialität – das gibt es nur hier in München. Über der dritten Maß Augustiner verschwimmt der Ärger über das Mietpreisniveau nah bei den Sternen, die auspufftrötenden Wichtigtuer im Ferrari mit Umlandkennzeichen und die Bayerische Staatsregierung unter der Schaumkrone des Zufälligen. Um halb elf ist der Obazde weg, die zufällige Tischbekanntschaft aus Korea in den Grundsitten unseres Volksstamms unterwiesen und Schankschluss ist auch, deshalb radln wir noch ein paar Meter zu den Schotterflächen der renaturierten Isar und sehen die Glühwürmchen der letzten Grillfeuer verlöschen.

„... und dann dachte ich über eine andere Stadt nach. Aber es fiel mir keine ein" sagt der ewig melancholische Krimikommissar Tabor Süden an einem schlechten Tag – welche sollte das auch sein?

Impressum

Text und Recherche: Achim Wigand **Lektorat:** Anja Elser, Horst Christoph (Überarbeitung) **Redaktion und Layout:** Heike Dörr **Karten:** Carlos Borell, Hana Gundel, Judit Ladik, Michaela Nitzsche **Fotos:** siehe S. 9 **Covergestaltung:** Karl Serwotka **Covermotive:** oben: Olympia Stadion © Achim Wigand, unten: Frauenkirche und Neues Rathaus © Arnd Drift/Fotolia.com

3. KOMPLETT ÜBERARBEITETE UND AKTUALISIERTE AUFLAGE 2014

Inhalt

Inhalt

Was haben Sie entdeckt? Waren Sie in einem noch gemütlicheren Biergarten? Haben Sie erstaunlich hübsch, preiswert und auch noch zentrumsnah gewohnt? Oder war es irgendwo gar nicht mehr so wie beschrieben? Jede zusätzliche Information, Kritik und Ergänzung ist uns wichtig und willkommen.

Schreiben Sie an: Achim Wigand, Stichwort „München" | c/o Michael Müller Verlag GmbH | Gerberei 19, D – 91054 Erlangen | achim.wigand@michael-mueller-verlag.de

Kartenverzeichnis

Zeichenerklärung für die Karten und Pläne

Autobahn	(U) Marienplatz U-Bahn-Haltestelle	Kirche
Schnellstraße	(S) Marienplatz S-Bahn-Haltestelle	Information
Hauptverkehrsstraße	Bebaute Fläche	Museum
Nebenstraße	Grünanlage	Sehenswürdigkeit
Bahnlinie	Fußgängerzone	Synagoge
Parkplatz	Anfang des Rundgangs	Brunnen
Kloster	Ende des Rundgangs	Denkmal

Inhalt

Alles im Kasten

Fotonachweis

Achim Wigand: S. 1, 9, 11, 12, 12/13, 14, 15, 16/17, 20, 30, 32, 33, 34, 36, 37, 39, 41, 42, 44, 48, 50, 51, 53, 60, 62, 65, 69, 73, 75, 76, 77, 78 (alle), 79, 119, 142, 145, 161, 171, 181, 182/183, 188, 189, 190, 192, 196, 196/197, 198, 202, 203, 204, 206 (Mitte), 208, 210/211, 212, 216, 217, 219, 221, 222, 224, 224/225, 227, 231, 233, 235, 236, 237, 239, 242/243, 244, 246, 247 (oben), 247 (unten), 251, 252, 254, 255, 256/257, 261, 262, 263, 265, 266, 271 | **Mat Bruffell:** S. 89 | **Eve81/Fotolia.com:** S. 240 | **Theresa Hecker:** S. 59 | **Jürgen Neugebauer:** S. 72 | **Uwe Neugebauer:** S. 58, 160 | **Joscha Schell:** S. 10, 10/11, 21, 22, 25, 26, 27, 43, 47, 54, 80/81, 82/83, 91, 92, 93, 95, 96, 98, 99, 100, 101, 104, 105, 106, 107, 108, 109, 110, 112, 114, 115, 116, 118, 120, 121, 122, 124, 124/125, 126, 128, 130, 133, 137, 140, 140/141, 144, 146, 148, 150, 151, 152, 154, 154/155, 163, 164, 167, 168/169172, 173, 177, 178, 179, 180, 193, 194, 199, 206 (oben), 206 (unten) | **Tourismusamt München:** S. 13, 14/15, 19, 23, 63, 71, 74, 84, 132, 134, 136, 185, 200, 240/241, 241, 249

Vielen Dank! Kathrin und Simon Borrmann, Rita Wrabetz, Ines Burisch (kulinarische Recherchen), Stefan Böttcher (Tourismusamt München/Fotos), Wilfried Gelo (Textkritik), Dr. Matthias Hamann (kunsthistorische Beratung), Grit Idler (Nightlife), Jürgen Neugebauer (Inspiration und Literatur), Uwe Neugebauer (Fotos), Joscha Schell (Fotos).

Mit dem grünen Blatt haben unsere Autoren Betriebe hervorgehoben, die sich bemühen, regionalen und nachhaltig erzeugten Produkten den Vorzug zu geben.

Die Bavaria im Jubiläumslichtgewand

München: Die Vorschau

München, Hauptstadt …

Ob man schon mal dort gewesen ist oder nicht: Zu München hat, zumindest im deutschsprachigen Raum, jeder eine Meinung. Neutral ist sie selten, ziemlich oft handelt es sich um mehr oder minder unreflektierte, teilweise auch abgedroschene Stereotypen: entzückendes Millionendorf am Fuß der Berge, Schickimickimetropole, Kultur- und Wissenschaftsdorado, politreaktionäre Bierdimpflstadt, prosperierende Boomregion mit aberwitzigem Miet- und Immobilienpreisniveau, großstädtisches Trachtenidyll und Folkloreparadies.

Wie das mit Klischees nun einmal so ist – so völlig aus der blau-weißen Luft gegriffen sind sie nicht. Tatsächlich vermittelt München ein für deutsche Großstädte ziemlich unverdichtetes, eben dörfliches Gefühl und hat der Links-rechts-links-Begrüßungskuss (das viel gerühmte Bussi) höchstwahrscheinlich von der Isar aus seinen Erfolgsweg durch ganz Deutschland angetreten. Zweifellos genießen die Museen, Theater und Hochschulen der Stadt einen international hervorragenden, teils sogar überragenden Ruf, und bestimmt sind die Umgangsformen und Ernährungs- und Getränkevorlieben der Bayern etwas, nun ja, anders als im Rest der Republik. Die Konzentration von hochwettbewerbsfähigen Unternehmen der Old und New Economy sowie prestige- und umsatzträchtiger Dienstleister in und um München ist bemerkenswert und die Beliebtheit als Wohnort und Lebensmittelpunkt deshalb sicher nicht nur ein Resultat der Liebe zur Architektur der Wittelsbacher. Und ja, im Schatten der Türme der Frauenkirche trägt man Dirndl und Lodenjanker auch als Alltagskleidung. Klischee hin oder her – was spricht dabei gegen München?

Richtig: nichts! Ein Besuch in München lohnt sich. Wer ein bisschen Zeit

und vor allem einen wachen Blick in die südlichste Millionenstadt Deutschlands mitbringt, findet noch viele Facetten einer modernen, traditionsverhafteten, szenigen und etablierten Stadt, die es noch nicht in den Rang einer deutschen Spruchweisheit geschafft haben. Vor allen Dingen ist München aber eins: Hauptstadt!

... Bayerns

Administrativ gibt es gar nichts zu deuteln: Die Fäden Bayerns laufen in München zusammen, Staatskanzlei und Ministerien bestimmen die Richtlinien von Politik und Verwaltungspraxis des flächenmäßig größten deutschen Bundeslandes. München ist aber auch Hauptstadt des Regierungsbezirks Oberbayern und damit Kern dessen, was man in Japan, den USA, Italien, Südkorea und anderswo allgemein mit Bayern assoziiert. Dabei wird gerne übersehen, dass Bayern in seiner heutigen geographischen Gestalt ein einigermaßen heterogenes, zufälliges Gebilde ist (die Franken leiden darunter sehr!) und allein durch Oberbayern nur äußerst unvollständig abgebildet wird. Vor allem aber lässt es völlig außer Acht, dass sich innerhalb der Stadtgrenzen Münchens eine ziemlich eigenständige Identität herausgebildet hat – Sprachwissenschaftler erkennen das schon am Dialekt: Wo der S-Bahn-Bereich endet, ändert sich das Idiom vom Münchnerischen ins Bairische. Die Gleichung München = Bayern geht also nur sehr beschränkt auf.

... des Bieres

74 Brauereien sollen es Ende des 16. Jh. in der damals noch kleinen Stadt gewesen sein! Bis zur vorletzten Jahrhundertwende waren es noch ca. 25, heute teilen sich noch sechs Großbrauereien den Markt der Bierstadt, und nur diese sechs sind auch zum Ausschank

auf dem Oktoberfest berechtigt. Nur eine einzige, die Augustiner-Brauerei, befindet sich noch in der Hand einheimischer Besitzer, alle anderen gehören mittlerweile internationalen Braukonzernen. Obendrein soll in München mittlerweile mehr Wein als Bier getrunken werden (ein Blick in Bars und Cafés legt nah, dass es sich dabei um Prosecco handeln muss) – ein Mythos bröckelt! Immerhin ist seit 1999 qua Gesetz die urmünchnerische Tradition des Biergartens (nur echt mit Kastanienbestand und geschotterter Oberfläche) gerettet. Und das Oktoberfest, unzweifelhaft bedeutendstes Hochamt des Brauereierzeugnisses, wird ohnehin mit exzessiver bajuwarischer Lebensfreude allen noch so wendig umspukenden Zeitgeistern widerstehen.

Aber Bier steht hier ja ohnehin nur stellvertretend für ein kulinarisches Lebensgefühl insgesamt, und da hat sich eine typisch Münchner Observanz bis heute aufrecht gehalten: Der Leberkäs darf hier noch als „Leberkäs" verkauft werden und nicht wie sonst nach EU-Recht zwingend vorgeschrieben als „Fleischkäse" (ist ja keine Leber drin); die Weißwurst darf original nur aus München kommen; und in den Braustuben gibt es immer noch die deftigen Innereiengerichte nach Münchner Bürgertradition.

… der Kunst

Die Pinakotheken, die Museen und Galerien, die großen Bühnen und Musikstätten, die Akademien und Universitäten: Ohne Zweifel spielen Kunst und Kultur eine wichtige Rolle im städtischen Leben Münchens. Das entsprechende Hauptstadtprädikat stammt bereits aus der Zeit zwischen 1700 und 1900, als die kunstsinnigen und repräsentationsfreudigen Wittelsbacher der Stadt ein einzigartiges Gepräge nicht nur in architektonischer Hinsicht gaben. Mit dem Ludwigsstraßenensemble, der Resi-

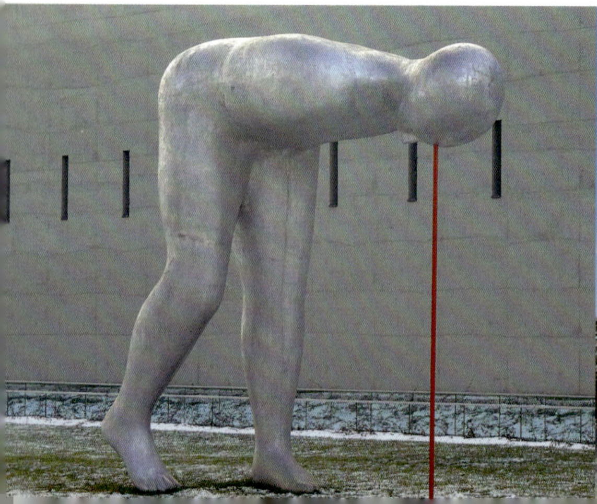

denz, Schloss Nymphenburg und vielen anderen weltlichen und sakralen Bauten haben sie ihrem Machtzentrum eine einzigartige Substanz hinterlassen. Der Zweite Weltkrieg verschonte zwar auch das Stadtbild Münchens nicht, trotzdem hat die Stadt beim Wiederaufbau ihr Gesicht nicht verloren – das nächste Postkartenmotiv ist fast immer gleich um die Ecke.

Auch wenn Mozart 1777 als Kapellmeister in München abgelehnt wurde, die Schwabinger Boheme nur mehr eine historische Reminiszenz ist und sich das Gravitationszentrum der darstellenden Kunst derzeit nach Leipzig verlagert – schon immer war München ein bevorzugter Standort oder Zwischenstopp für Künstler aller Sparten, entsprechend reichhaltig war und ist der kulturelle Output. Kaum ein Kreativer von nationalem und internationalem Rang fehlt im Veranstaltungs- und Ausstellungskalender der Stadt.

... der Schönen und Reichen

Statistisch gesehen ist das ein Mythos: Die deutsche Großstadt mit den meisten Millionären ist Hamburg. Nimmt man allerdings die angrenzenden Kreise um die oberbayerischen Seen dazu – besonders Starnberg mit seinen pracht- und teilweise prunkvollen Domizilen der Prominenz aus Wirtschaft und Showbiz –, sieht das Bild schon wieder anders aus. Tatsächlich tragen viele der Aston Martins, Maybachs und Bentleys, die sich täglich zum Edelmarkenautokorso in der Münchner Innenstadt versammeln, die verräterischen Kürzel TÖL bzw. STA auf ihren Nummernschildern. Ihren Eignern, die so als Bewohner der exklusiven Landkreise Bad-Tölz-Wolfratshausen oder eben Starnberg selbst ausgewiesen sind, bietet die Stadt zahllose Möglichkeiten, sich teuer und exklusiv zu amüsieren. Das lustvolle Shopping in der Maximilianstraße mit

anschließender nobler Atzung und Labung und/oder der Opernbesuch mit Ausklang in einer der schicken Promi-Bars kann da lässig vierstellige Eurodimensionen annehmen. Aber auch wer es eher szenig als vornehm und lieber chillig als selbstverliebt haben möchte, findet problemlos Gelegenheiten, München auch ohne randvolles Festgeldkonto genussvoll zu erleben. Trendiger als die internationalen Labels der Luxusmeilen sind die kleinen Boutiquen am Glockenbach allemal, und in den spacigen bis schrulligen Kneipen überall in der Stadt reüssieren Witz und Esprit weit besser als das Knistern der Scheine und das Glitzern der Platinum-Cards. München macht auch ohne Geld Spaß – wenn man nicht gerade eine Wohnung sucht.

… des Fußballs

Großartig und auftrumpfend: die Bayern, traditionsreich und stolz: die Löwen. Nicht unwesentlich wird die Identität der Einwohner Münchens durch die Sozialisation in den einschlägigen Fan-Zirkeln geprägt. Ob man nun ein „Roter" (Bayern) oder „Blauer" (TSV 1860) ist, hat jedenfalls mit Farbauswahl im engeren Sinne nichts zu tun.

Eine ferne Ahnung jedoch die großen Tage Münchens als einzige Stadt mit zwei Bundesligamannschaften: Der sportliche Alltag hinkt den historischen Großtaten häufig hinterher. Der FC Bayern, fast schon zu oft dominant in der Liga, knabbert seit Jahren an seinem Anspruch, eine europäische Spitzenmannschaft zu sein. Und bei den Löwen sind schon lange debakulöse Mitgliederversammlungen und die Präsidentschaftswahlkämpfe spannender als die Zweitliga-Realität. Für eine gewisse Zeit schien es sogar, dass sich mit der SpVgg Unterhaching (ein südöstlicher Vorort) noch ein kultiger Außenseiter auf St.-Pauli-Niveau in der höchsten Spiel-

klasse etablieren könnte, aber dieser Traum währte nur zwei Spielzeiten.

Trotzdem finden die Heimspiele in der neuen Arena vor den Toren der Stadt regelmäßig vor ausverkauftem Haus statt, besonders Tickets für die Bayern sind ausgesprochen schwer zu ergattern. Das Olympiastadion, einzigartig in Gestaltung und Anmutung, steht derweil verwaist und etwas traurig im Olympiapark herum und nährt sich mühsam von den Brosamen der Konzertveranstalter und Leichtathletikmeetings.

heimliche …

Immer noch gibt es in der Republik einige übelmeinende Spötter, die glauben, München habe die verpasste Kür zur Bundeshauptstadt 1949 nicht verwunden. Das ist natürlich völliger Unsinn, denn für die Münchner war die singuläre Stellung ihrer Stadt immer fraglos – wozu eigentlich bundesrepublikanische Hauptstadtwürden, wenn die Verhältnisse im gefühlten Städteranking ohnehin klar sind? Nichts zeigt diesen Anspruch deutlicher als die in der Isarmetropole bis heute noch wichtige Binnendifferenzierung der deutschen Bevölkerung in „Einheimische“ (hier Gebürtige), „Zugroaste“ (gnadenhalber Geduldete und hier Wohnhafte, egal woher) und „Preißn“ (alle anderen). Die Münchner kochen also weiter ihr ganz eigenes Süppchen, wissen um den Reiz ihrer Stadt und freuen sich über die Wertschätzung, die ihr in Sachen Tourismus entgegengebracht wird – auch wenn man das nicht immer gleich merkt (Stichwort: Grantlerreflex). Kunststück: Bei den vielen inoffiziellen Hauptstadtprädikaten, mit denen sich München zu Recht schmücken darf, sollen sich doch ein paar verhärmte Frankfurter grämen, dass sie 1949 bei der Wahl zur provisorischen Bundeshauptstadt vom listigen Bonner Vorortbürger Adenauer über den Tisch gezogen wurden.

Weltstadt mit ganz vielen Herzen